Los animales viven aquí

La vida en el bosque

por Connor Stratton

nivel 2
little blue readers
en español

www.littlebluehousebooks.com

Traducción: © 2023 por Little Blue House
Título original: Life in the Forest
Texto: © 2023 por Little Blue House
Traducción: Annette Granat

La serie Little Blue House es distribuida por North Star Editions.
sales@northstareditions.com | 888-417-0195

Este libro ha sido producido para Little Blue House por Red Line Editorial.

Fotografías ©: Imágenes de Shutterstock: portada, 7 (imagen superior), 7 (imagen inferior), 9, 11 (imagen superior), 11 (imagen inferior), 17, 21, 23, 24 (esquina inferior izquierda), 24 (esquina inferior derecha); imágenes de iStock: 4, 12, 15, 18, 24 (esquina superior izquierda), 24 (esquina superior derecha)

Library of Congress Control Number: 2022912221

ISBN
978-1-64619-692-0 (tapa dura)
978-1-64619-724-8 (tapa blanda)
978-1-64619-786-6 (libro electrónico en PDF)
978-1-64619-756-9 (libro electrónico alojado)

Impreso en los Estados Unidos de América
Mankato, MN
012023

Sobre el autor

Connor Stratton disfruta explorar nuevos lugares, detectar nuevos animales y escribir libros para niños. Él vive en Minnesota.

Tabla de contenido

Animales del bosque

El bosque tiene muchos árboles.

Muchos animales diferentes

viven en el bosque.

Los zorros y los lobos viven en el bosque.

Sus cuerpos están cubiertos de pelo.

Ambos animales cazan para alimentarse.

Muchos tipos de pájaros viven en el bosque.

El pájaro carpintero tiene un pico fuerte y afilado.

El pájaro carpintero usa su pico para hacer agujeros en los árboles.

Las águilas y los búhos también
viven en el bosque.
Las águilas tienen alas
anchas, y los búhos tienen la
cabeza grande.

águila

búho

Animales grandes

Los osos son animales grandes que tienen un pelaje grueso.

Los osos comen muchos tipos de plantas y animales.

Los alces son animales grandes
que tienen astas en la cabeza.
Los alces comen plantas, pero
no se comen otros animales.

Los pumas son grandes felinos que viven en el bosque.
Los pumas son corredores rápidos.
A menudo cazan ciervos, pero a veces comen animales más pequeños.

Animales pequeños

Las ardillas listadas son pequeños animales que viven bajo tierra.

Las ardillas listadas comen nueces y semillas.

Los castores son pequeños animales que viven cerca de lagos y ríos.

Ellos mastican madera de los árboles para construir sus casas.

Las liebres son animales
pequeños que viven en
el bosque.

Las liebres pueden saltar
rápidamente de un lugar a otro.

Glosario

ardilla listada

osos

búho

zorro

Índice